Khwahish

Kuch baatein ankahi se

Arun Kumar Kanth

BookLeaf Publishing

India | USA | UK

Made with ❤ on the BookLeaf Publishing Platform

www.bookleafpub.in

www.bookleafpub.com

Dedication

इस कविता संग्रह को समर्पित है उन सभी अद्भुत आत्माओं को, जिन्होंने जीवन के रंगमंच पर अपनी अनमोल रचनाओं और विचारों से प्रकाश डाला। इन कविताओं का सृजन उनके प्रोत्साहन, प्रेम और प्रेरणा से हुआ है।

यह पुस्तक उन सभी मित्रों, परिवारजनों और गुरुओं को श्रद्धांजलि है जिन्होंने मेरी रचनात्मक यात्रा में अपना सान्निध्य और समर्थन प्रदान किया।

मैं उन सभी कवियों और लेखकों का भी आभार व्यक्त करता हूँ जिन्होंने अपने शब्दों से साहित्य के समृद्ध संसार का निर्माण किया।

आशा है कि यह कृति आपके हृदय में भी उस अनंत सरोवर जैसी शांति और प्रेरणा का संचार करे, जिसकी खोज हर कवि और पाठक करते हैं।

सादर,

Preface

कविता मन की अभिव्यक्ति का सजीव माध्यम है, जो शब्दों के माध्यम से हमारी भावनाओं, कल्पनाओं और अनुभवों को संजो लेता है। इस कविता संग्रह में मैंने अपने हृदय की वे अनकही सी आवाजें, जीवन के विविध रंग, और अंतर्मन की गहरी चाहें प्रस्तुत करने का प्रयास किया है।

कविता का संसार अनंत है, यहाँ हर शब्द अपने साथ एक नई कहानी, एक नई अनुभूति लेकर आता है। इस संकलन में मैंने अपनी छोटी-छोटी अनुभूतियों को कविता के माध्यम से व्यक्त किया है, आशा करता हूँ कि ये कविताएं पाठकों के मन को छू जाएंगी और उन्हें अपने अंदर की गहराइयों में झांकने का अवसर देंगी।

मैं अपने इस प्रयास में उन सभी मित्रों और शुभचिंतकों का आभार व्यक्त करता हूँ जिन्होंने मुझे प्रेरित किया और इस यात्रा में साथ दिया। मुझे उम्मीद है कि आप सभी को यह संग्रह पसंद आएगा, और यह आपकी आत्मा को स्पर्श कर सकेगा।

धन्यवाद।

Acknowledgements

पूजनीया स्नेहमयी मां स्वर्गीय त्रिवेणी देवी की स्मृति में लघु गीत संग्रह
'ख्वाहिश' का लोकार्पण ।

मैं, स्नातक अरुण कुमार कंठ, पुत्र स्वर्गीय दीर्घ नारायण
कंठ, स्वरचित गीत संग्रह 'ख्वाहिश' सुधी पाठक को समर्पित करते
हुए अपार हर्ष की अनुभूति कर रहा हूँ। इसमें मुझे अपनी धर्मपत्नी
श्रीमती उषा कंठ तथा ज्येष्ठ पुत्री श्रीमती वर्षा रानी से मेरे बिखरे गीतों
को संकलित करने के लिए प्रेरणा एवं भरपूर सहयोग मिला है और मैं
कृतार्थ हुआ हूँ । मेरा यह नवीन प्रयास कितना सफल रहा, पाठक के
विचार से ही प्राप्त होगा एवं सबों से सुझाव की भी अपेक्षा रहेगी ।
सबों को धन्यवाद है।

लेखक

1. दर्शन

तुमसे कैसे दूर रहूँगा,
तुम प्यारों में प्यारी हो;
तुम में मेरा रूप सजा,
सुन्दर राजकुमारी हो।
बोलो तो नजदीकियों का,
आगाज़ फिर से कर ताज़ा;
तेरा नाम लूँ लब पर,
तू ही मेरी ताज़गी का साज़ा।।4।।

रात की चाँदनी में तू,
ख्वाबों में बिखरे सपन;
तेरे बिना अधूरा यान है,
तेरे साथ है एक नया यान।
तेरी हंसी की गूंज में,
दिल मेरा बस खो जाता;
तू ही मेरी हर कहानी,
तू ही मेरा हर पल सजाता।।5।।

तुमसे कैसे दूर रहूँगा,
तुम प्यारों में प्यारी हो;

तुम में मेरा रूप सजा,
सुन्दर राजकुमारी हो।।6।।

2. हर्षोल्लास

जन्मदिन शुभ आया पहुँना, फूले फलें पायें सुख सपना ।
दुआ सभी की रहे आप पर, गुरुभक्ति की कृपा आप पर;
खुशी आप की काम को करना,
जन्मदिन शुभ आया पहुँना ।।1।।

शत से ऊपर वर्ष ये आये,
जीवन हर दिन सजता जाये;
असीम प्यार हम देते अपना,
फूलें, फलें, पायें सुख सपना ।।2।।

सीखा जितना बहुत लगे हैं,
कम न देखूं आप जगे हैं;
आपसे मिलता हमको चैना,
जन्मदिन शुभ आया पहुँना ।।3।।

हमदर्दी आपकी जाने हैं,
हम प्रीत आपकी माने हैं;
सुन्दर कितना आपकी रचना,
जन्मदिन शुभ आया पहुँना ।।4।।

हर क्षण आपके संग बिताएं,
सपनों की डोर बुनती जाएं;
खींचो नफरत की हर परछाई,
जन्मदिन शुभ आया पहुँना ।।5।।

सदियों तक आपका ये जहां,
पर्व हर दिन का हो जैसे महकं;
आपका हर मस्तक सितारा,
जन्मदिन शुभ आया पहुँना ।।6।।

3. कर्मठता

सब तेरे बस में प्यारे, क्षण-कण पर ध्यान लगा ले।
जीवन को गति दे देना, सत्कर्म जनम का होना;
सुन्दर ही डगर पर चलना, नियम का पालन करना;
मंजिल तो बाट निहारे, बस बन जाना मतवाले ।।1।।

मुश्किल कोई भी आये, कदम भले बढ़ जाये;
पल-पल दिखे दूरी , बातें तभी तो पूरी ;
नेकी को मिले सहारे, जब होते सच के हवाले ।।2।।

दुख-दर्द कभी न पछाड़े, सदा सुनीति जिसे सम्हाले;
वो हंसी तेरी सुखदायी, जो आयी भली कमायी;
सफल तभी तो यारे, जब अपनी कदर बढ़ा ले ।।3।।

हर सूखा बंजर भी, फिर कल्याण का मंजर बन जाये,
आसमान से मिले जब, सपनों की परिणति सज जाये;
ध्येय में जो रहे निरंतर, उसका मन भी लहराए।।4।।
संगीत बन जाए जीवन, सुख-दुख में साथ निभाए।

4. कर्म

जो जीवन की राह पर चलते, सच्चाई का संग निभाना है;
हर दिल के भीतर छिपा है, प्रेम का एक गहना है।
अक्ल से अगर आगे बढ़ें, तो हर मुश्किल आसान होगा;
सत्यमेव जयते की गूंज में, हर मन से प्रेम का गाना है।।1।।

सपनों की दुनिया में खोकर, यथार्थ को न भुलाना है;
दूसरों की खुशी में अपना, सुख अपना तो पाना है;
साधना की इस यात्रा में, हर कदम को सजाना है।।2।।

तू जो चला, तो समर्पण में, नसीब की वीरता है;
फिर चाहे राह में कांटे हों, हर पल को जीने की अदा है;
बने एक-दूजे का सहारा, सबको मिलकर बढाना है।।3।।

जनम तेरा संकल्प लिए, उदात्तता की छाया लिए;
जीवन की इस भव्य यात्रा में, सबसे धीमी धड़कन किया;
धन्य ही धन्य हो तेरा ये सफर, प्रेम के रंगों में रंग जाना है।।4।।

5. हमदम

आपके साथ बिताए, वो पल हैं प्यारे ;
हर लम्हा है गाना, है मुमकिन कहाँ ।।४।।

ख्वाबों में बसी, आपकी हंसी ;
तनहा रात में, वो साया है मुमकिन कहाँ ।।५।।

आपके बिना जीवन, है जैसे वीराना ;
खुशियों का आना, है मुमकिन कहाँ ।।६।।

6. आशिक

पागल हो, दीवाना हो, जग से न बेगाना हो।
प्यार किसी से दर्पण हो, गम में भी समर्पण हो ;
जीवन जीना मस्ताना हो, जगसे न बेगाना हो ।।१।।

जिससे जो भी बात किया, उसके लिए दिन-रात जीया ;
शख़्श वही परवाना हो, पागल हो, दीवाना हो ।।२।।

सब कुछ प्यार के बूते हो, मन से जब कोई जूते हो;
कुछ भी कहे जमाना हो, जग से न बेगाना हो ।।३।।

अपने और पराये सब, करते अपना-अपनी सब;
पर जनहित ताना बान हो, पागल हो, दीवाना हो ।।४।।

अपनी कोई पहचान रहे, जीना भी आसान रहे;
काम भले मनमाना हो, जग से न बेगाना हो ।।५।।

छोटे-छोटे ख्वाब सजाए, खुशियों के पल मनाए;
हर एक लम्हा बेमिसाल हो, पागल हो, दीवाना हो ।।६।।

चाहे कितनी भी राहें हो, न डर हो, न कोई साया हो;

सपनों की एक नई तलाश हो, जग से न बेगाना हो ।।७।।

दिल से दिल की जुबां समझे, प्रेम की बुनियाद सजे;
सिर्फ प्यार की तान हो, पागल हो, दीवाना हो ।।८।।

7. भरोसा

दूर आकर कहाँ हम दूर आ गये हैं;
यादों में अब तो हुजूर पा गये हैं।
मिलन आप से, जब हो गया; साथ निभाना, अब हो गया।
फर्ज पर हमको, गरूर आ गये हैं।।1।।

मोहब्बत से ऊँचा, यार तुमको माना;
दिल भी तो मेरा, तेरा है दीवाना;
चेहरे पे हम तो, नूर पा गये हैं ।।2।।

सपने सुहाने, अब तो अलग न;
जीवन की राहें कैसे सलग न;
प्यार को सहारे, जरूर आ गये हैं।।3।।

आपको ही देखा, देखा नयन है;
मिलने का रह-रह, बनता यत्न है;
हमराज नहीं दिल से दूर आ गये हैं ।।4।।

यादों में अब तो, हुजूर पा गये हैं।
बिछड़े लम्हों की मालाओं में सजे,
हवा में मोहब्बत के सुर बहे।

खुदा की इबादत में, वारिस बन गए हैं।।5।।

छूकर तेरे ख्वाबों को, सजी है ये रात;
तेरे बिना अधूरी, मेरी हर एक बात;
खुशियों के सागर में, जरूर आ गये हैं।।6।।

8. आकांक्षा

तुम दूर नहीं रहना सजनी, मैं तेरे पास रहूंगा;
बड़ा कठिन जीना होगा, साथ नहीं जो रहूंगा ।
दूरी अपनी कभी नहीं श, नहीं कभी हो झगड़ा;
प्रीत के रंग में रंगा रहे, मस्त हमारा मुखड़ा;
प्यार हमारा अमर रहे, रह-रह आस भरूंगा ।।

दुख सुख में बदलेगा, जब अपना सॉच मिलेगा;
खुशियों का संगम होगा, पग जांच जांच मिलेगा;
तुम भले मुझे ऊपर मानो, तुम्हें बराबर मानूंगा ।।

मिलन हमारा किसे ना प्यारा, किस्मत अपनी जागे;
सबसे मेल हमारा हो, चाह यही हो आगे;
जन्म हमारा सफल रहे, सजग सदा रहूंगा ।।

जीवन अपना स्वर्ग से कम क्या, तुम जननी सुख करनी;
तुमको पाकर धन हुआ हूं, प्रिया दिल की रानी;
दर्शन तो है अजर-अमर, दिल में सदा रहूंगा ।।

खुशी-खुशी जवानी, एक दिन आए बुढ़ापा;
मिले हम दोनों ही अंतिम दम तक, अपना प्यार लुटा जा;

हितसाधक बन, हमदम तो अपना भला करूंगा ।।
संग तेरे हर घड़ी में, सपनों का महल सजाऊंगा;
हर लम्हा जी लेंगे हम, मोहब्बत के गीत गाऊंगा;
जब जियेंगे हम साथ, हर राह पर मधुराई होगी।

9. अनोखा मिलन

आप से जब मिला प्यार आने लगा;
जिन्दगी को नया गीत भाने लगा।
एक अकेली जवानी न गुजरती सनम;
हम मिलें तो बढ़ने लगे हैं कदम;
मस्ती में समा गुनगुनाने लगा ।।

क्या कहूँ, है खुशी आपके करीब;
गम है ही नहीं अब तो नसीब;
प्रेम की प्रीत अब मन पाने लगा ।।

आपके पूछ की चर्चा थी सुनी;
मुझे ख्याल आया, मुझमें क्या कभी;
आपका ही दीदार, अब भाने लगा ।।

न मिलें दिल पहले मजबूरी रही;
मन के रिश्तों में कोई दूरी रही;
मिलन अब हमसफर, याराने लगा ।।

आपकी हंसी में खो गया जिंदगानी;
हर लम्हा है जैसे नई थोड़ी रवानी।

आंसुओं की जगह अब है मुस्कान,
आपसे ही बंधा है मेरा अरमान।

15

सपनों में फिरसे वो नज़ारे सजने लगे;
आपके संग दिन राधा-कृष्ण से चमकने लगे।
चलते चलते इस रास्ते पर,
सदियों का साथ जैसे मिल गया हंसीं सफर।

10. उपहार

शुभ घड़ी का प्यार सलामत रहे सदा;
बच्ची दिलो जान से, चाहूँ तुम्हें सदा ।
जीवन में वफा का उपहार ही मिले,
जीते न गम कभी, बस हार ही मिले;
साथी भी होशियार, सराफत रहे सदा ।।

सच्ची-सच्ची बातें, कानों में भी कहना;
मझधार पड़ी हो नैया, हिम्मत को ही भरना;
दूर बला सब जाये, इनायत करे ख़ुदा ।।

हर सुबह नई किरण, खुशियों की दस्तक दे;
आँखों में ताजगी, सपनों को महक दे;
मम्मी तुम हो मेरी, दिल की धड़कन सदा।।

रह-रह याद सताये, मम्मी को प्यारी लगती हो;
सुख-सुविधा न आये, फिरभी खुशी हमारी लगती हो;
मम्मी को बहुत बधाई, खिदमत करें सदा ।।
तेरे बिना अधूरी, हर खुशी की घड़ी;
तेरे चरणों में बसी, मेरी जिंदगी सारी।

11. लोरी

चुप हो जा चुपचाप अंगनमा, आने लगा है, प्यारा सपनमा।
लोरी मम्मी गाने लगी है, लाडली को समझाने लगी है;
तन-मन में देखो साथ चलनमा ।।

चंदा मामा रास रचाये, दूध-बताशा चाह बढ़ाये;
सुख लाये मदमाये नयनमा ।।

नींदिया रानी आई बुलाने, उड़न खटोले में ले जाने;
दूर बहुत है दूर सजनमा ।।

ये तो न नादान बनेगी, मम्मी डैडी की शान बनेगी;
प्यार ही है इसका गहनमा ।।

प्यार का ही पैगाम लेती;
अच्छा अपना नाम ही सुनती, आने लगा है आए सपनमा ।।

सपनों के रंग बिरंगे संग,
फूलों से सजे हैं चहकते बाग में;
खिलखिलाने लगे पास बिछड़े जनमा।

बातें होंगी मीठी मीठी,
हर ख्वाब की छाया में, बातें चुराएगा चाँद ये नन्हा।

18

12. शिकायत

मेरी पत्नी नहीं मुझको, हरदम ही लुभाती है;
मुहब्बत की सजा देखो, दिल कैसे दुखाती है।
कहती है मोहब्बत में जॉ भी मैं लुटा दूँगी;
खुशियों में तेरी प्रियतम दामन को दगा दूंगी;
कभी बढ़-चढ़कर बातें, जैसे कि चराती है ।।

सुख की ही कसम देकर, दुख उसको उठाना है;
मनाया मैं उसे कितना, उसको तो जगाना है;
कर-करकर जिल्लत मेरी, दुश्मन भी बनाती है।।

मेरी सबसे बड़ी खुशियाँ, मेरी बातों की चाहत हो;
कोई समझा दे मुझको, नहीं तो फिर इजाजत हो;
इस पर बदल जाना उसका खिजों को बढ़ाती है ।।

मिला होगा उसे अपना, अपनों की खुशी होगी;
मैंने भी उसे चाहा, कभी भी क्यों दुखी होगी;
मगा शोखी न जाने क्यों, अगले क्षण सताती है ।।

कहा कितना कि सजनी, साजन को सच्चाई दो;
भुलाकर गम सभी अपने, जीने की सफाई दो;

कठिन उसको समझ पाना, कभी उलझन बनाती है ।।

बहुत चाहा मिलन अपना, दुनिया में अनोखा हो;
भला कोई शिकायत क्यों, उल्फत लेखा-जोखा हो;
आशा की वही किरणें, नजाने क्यों दबाती है ।।

हर दिन की कहानी में, वो एक नई सजा है;
आँखों में उसके इश्क़, बावजूद मिलन की ताजा है;
तबाही और बहारें, साथ-साथ चलती हैं।

हर पल की जद्दोजहद, प्यार की एक दस्तान है;
जब भी हँसती है वो, दिल में मचलती गान है;
इस बंशी की तान में, मोहब्बत की लहराती है।

13. गतिशीलता

गाड़ी की तरह हरदम, बढ़ना सीखो जी;
मंजिल भी पहुँच कर फिर, चलना सीखो जी।
रुकते हैं सदा कैदी, जुल्मों में घिरकर जी;
मुक्त हमारा जीवन, कितना ही हितकर जी;
गति जीवन में रह रहकर, भरना सीखो जी।।

रोक तुम्हें जो लेते, ओ तेरे दुश्मन होंगे;
माना कुछ है जरूरी, कुछ तेरे मोहक होंगे;
व्यर्थ कभी भी न, रहना सीखो जी।।

जीवन को जिसने समझा, ओ सच्चा सुख ही अरजा;
जो रहा यहाँ धोखे में, धरती का बन गया कर्जा;
गफलत से खुद ही, बचना सीखो जी।।

सपना जो भी हो तेरा, उस करम को देना सहारा;
मन का मालिक बन न्यारा, सफल हो बने हितकारा;
इस सार से अपनी रौनक, भरना सीखो जी।।

मांझी के ही गुण से, नाव पार जायेगी;
पग में कितनी भी उलझन, मझधार हार जायेगी;

हिम्मत संग सफाई खुद, रखना सीखो जी।।

हर लहर में साहस है, तू भी संग जब चलेगा;
असफलता का डर छोड़, नया मार्ग पकड़ लेगा;
सपनों की उड़ान में, ऊँचा चढ़ना सीखो जी।।

दृढ़ निष्ठा के आगे, कोई भी बाधा क्या होगी;
हर मुश्किल को निभा ले, तू भी रस्ते ना खो जाएगी;
आसमान की ओर तू, उड़ना सीखो जी।।

14. जज़्बात

प्यार करता ना था, प्यार करने लगे ;

हुस्न का बन दीवाना सार भरने लगे;

मस्त होती कली फूल बनने को है;

जवानी निखर भूल बनने को है;

सपने रंगीले यार आने लगे ।

प्यार करता ना था, प्यार करने लगे ।।

आपको देखकर हैरान हुआ;

सेहत जो गिरा गम जान हुआ;

हमदर्द उमंग भि हार जाने लगे ।

प्यार करता ना था, प्यार करने लगे ।।

आपका काम भी पाता रहूं;

वफा आप पर भी लुटाता रहूं;

आपकी प्रीत भी टकराने लगे ।

हुस्न का बन दीवाना सार भरने लगे ।।

एक नजर आपकी जो मुझ पर पड़े;

कुछ मुझे फिर मिले रिश्तो में गड़े;

दिल दिल पर मरे करार करने लगे ।

प्यार करता ना था, प्यार करने लगे ।।

गहराई में खोकर अब चाहे हम;
हर पल की महक में बस जाए हम;
चाहत की लकीरें अब सजने लगे।
प्यार करता ना था, प्यार करने लगे ।।

सूरज की पहली किरणों संग बरसे;
तेरे हंसने में खोई ये धड़कने;
आसमान भी रंगीन सपने सजने लगे।
प्यार करता ना था, प्यार करने लगे ।।

15. बचपना

बचपन की शोखी, चंचलता, बचपन आने पर जायेगी;
मिली अनोखी सुन्दरता, तुमको मृदुल बनायेगी।
नजर बचाकर चल देना, कुछ कहे बिना ही रो देना;
निश्छल भाव बिना समझे, सब अपने ही ऊपर ले लेना;
कठोर बनकर क्या कोमलता, मुझको सदा सतायेगी ।।

मैं तुमको दिल में रखता हूँ, दुख-दर्द सभी कुछ सहता हूं;
मेरा यह मर्म मुझे प्यारा, कभी-कभी कुछ कहता हूं;
सुख-दुख में भी नीरवता है, तुम पर हरदम लहरायेगी ।।

झुकी कहीं झुक जायेगी, अपनी खुशियाँ मिट जायेगी;
इसी लिए तो दृढ़ होता, तू सदा यहाँ मुस्कायेगी;
कभी नहीं तेरी अधीरता, धोखा तुमको दै जायेगी ।।

दुख हुआ, क्रोध भी हो आया, कुछ काल प्रेम को भरमाया;
नफरत की आंधी गई दूर, तब मिलन तुम्हारा फिर भाया;
तेरी, मेरी खता नहीं, मन पर हावी हो पायेगी ।।

वो अनमोल पल हमें संग हैं, सर्दीयों की धूप में रंग हैं;
तुझमें जो छुपा है मन का, उसे समझना आसान नहीं;

ख्वाबों में तेरा संग संगीत, चुपचाप सी झिलमिलायेगी ।।

जब तारे चुराकर चलूँ, तेरे भाग्य में नाम उकेरूँ;
अब ना कोई दूरी रहे, बस एक धड़कन में तुम बहे;
प्रेम का यह संसार सजे, हर सुबह फिर खिल जायेगी ।।

16. सुझाव

सपनों में बुनती छवि, जो सुख से भरी रहे;
डोली में सहेली बन कर, आसमान से जड़ी रहे;
हर पल चूमें खुशबू आपके, हर रिश्ते का रंग चुराए;
मत कहें कुमारी रहना है, यह कैसे-कब होना है।
सानुराग का भ्रम है यह, परघर आपको जाना है।

दिव्य प्रेम की साजिश में, दिल के तार जुड़े हुए;
मन की गहराई से चाह की, प्रेम के संग बंधे हुए;
सहजता हो हर एक मोड़ पर, यही तो सबसे बड़ा है;
मत कहें कुमारी रहना है, यह कैसे-कब होना है।
सानुराग का भ्रम है यह, परघर आपको जाना है।

कोमलता में शक्ति छुपी, स्नेह से जोड़ेंगे राहों को;
संगठित सुख की बुनाई में, आप ही सजाएंगी छांव को;
माँ की ममता की छाया में, पलते हुए अनमोल सपने हैं;
मत कहें कुमारी रहना है, यह कैसे-कब होना है।
सानुराग का भ्रम है यह, परघर आपको जाना है।

17. एहसास

याद आती तेरी तू जाने नहीं;
बात आधी है तेरी तू माने नहीं;
प्यार करके भी मुझसे शिकायत किया;
दर्द देकर भी मुझपे इनायत किया;
प्रीत दिला में रही, दिल जाने नहीं ।।
बात आधी है तेरी तू माने नहीं ।।

कदमों पे तेरे इशारे रहे;
खुदा की कसम हम सहारे रहे;
जान देने की नौबत आने नहीं ।।
बात आधी है तेरी तू माने नहीं ।।

लाख कहके थका तू रोती रही;
दिल में मेरे वफा तू खोती रही;
है धोखे में गिला तू माने नहीं ।।
बात आधी है तेरी तू माने नहीं ।।

मिलके भी ना हमसे सारा कहा;
गम का हीं तेरा नजारा रहा;
सुख चाहे साजन तू जाने नहीं ।।

बात आधी है तेरी तू माने नहीं ।।

बच्ची से नजर न खोना सनम;
प्यार का ही रिश्ता, नया ये जनम;
कभी बुरा ख्याल मन में लाना नहीं;
बात आधी है तेरी तू माने नहीं ।
तेरे ख़्वाबों में फिर एक रंग भरे;
दिल की दुनिया में कोई नया नगमा गूंजे।
सपनों के जिन फूलों को तुमने सजाया,
उनका हर एक रंग अब भी जिंदा है।
याद आती है तेरी तू जाने नहीं ।।

18. मनमीत

चुपके से तू आ भी जाए, ख्वाबों में मेरी छवि बने;
हर रात सजा फैले तेरा, बिन तेरे ये दिल अधूरा है।
तू जो संग हो, फिर गगन में, रंगीनी सजेगी हर दिशा;
रसभरे होंठ, कजरारे नैन, आंखों में तेरी सूरत है।।

तेरी यादों का चाँदनी, रातों में खामोशी लाती;
सुरमई बादलों की ओढ़नी, जन्नत की राह दिखाती।
तू चाहे दूर, पर तुमसे, जुड़ाव का अजब रिश्ता है;
तुम पास नहीं हो फिर भी, नैनों में मोहिनी मूरत है।।

शाम ढले जब छनके तारे, मन में उल्लास उच्चाले;
तेरे बिना ये वीराने, शिकायतों की याद सताले।
हर लम्हा होता तेरा, हर सांस में तेरा एहसास है;
रसभरे होंठ, कजरारे नैन, आंखों में तेरी सूरत है।।
तुम पास नहीं हो फिर भी, नैनों में मोहिनी मूरत है।।

19. सहचर

पलकों पे रखा, हर ख्वाब हमारा;
तू जो संग है, हर लम्हा है प्यारा।
दिल की धड़कन, तेरा नाम लेती;
मर भी जाएं तो हमको प्यारा सनम।।

चाहत की राह पर, चलते हम यूं;
तू ही है मेरी, हर खुशी का जून।
तेरे बिना तो, अधूरा है गाना;
मर भी जाएं तो हमको प्यारा सनम।।

सुरमई रातों में, तेरा ही चेहरा;
बिन तेरे जीना, लगे जैसे बेग़ौर;
तेरे आने से, महके हैं फिज़ा;
मर भी जाएं तो हमको प्यारा सनम।।

तू मेरा इश्क़, तू मेरी दुआ;
तेरे संग ही, हर पल है जश्न।
कल्पना में भी, तेरा ही दीदार;
मर भी जाएं तो हमको प्यारा सनम।।

प्यार से बड़ा, क्या सहारा सनम;
मर भी जाएं तो हमको प्यारा सनम।।

32

20. नव वर्ष

नया साल आया खुशियां सजा लें;
चलो फिर से हमदम दुनिया बनालें;
आए नहीं हम नया दिन बिता;
विरह यार अपना किया हमको फीका;
मायूस दिल को हँसीया दिला ले ।।

किस्मत के किस्से झूठ ना होते;
मोहब्बत हमारे रूठे ना होते;
अनोखे मिलन की बतिया बना ले ।।

नन्ही बच्ची को खोजे नयन है;
तुम्हें साथ देखूँ हरपल लगन है;
करम कर अनूठा निनिया जगा ले ।।

रूठो मुझसे रूठो ना दिल से;
शोक रूठने का छोड़ो भी दिल से;
बसंती जीवन की बगिया सजा ले;
चले आओ प्यारे, दिल की धड़कन सुन ले।
सपने बुनते हैं हम चाँदनी रातों में;

खुशियों की फसल उगाएं हर बातों में।
चलो फिर से हमदम दुनिया बना ले ।।

21. भरोसा

दूर आकर कहाँ हम दूर आ गये हैं;
यादों में अब तो हुजूर पा गये हैं।
मिलन आप से, जब हो गया;
साथ निभाना, अब हो गया।
फर्ज पर हमको, गरूर आ गये हैं।।1।।

मोहब्बत से ऊँचा, यार तुमको माना;
दिल भी तो मेरा, तेरा है दीवाना;
चेहरे पे हमतो, नूर पा गये हैं ।।2।।

सपने सुहाने, अब तो अलग न;
जीवन की राहें कैसे सलग न;
प्यार को सहारे, जरूर आ गये हैं।।3।।

आपको ही देखा, देखा नयन है;
मिलने का रह-रह, बनता यत्न है;
हमराज नहीं दिल से दूर आ गये हैं ।।4।।

यादों में अब तो, हुजूर पा गये हैं।
संग आपके, वक्त थम सा गया;

खुशबू की तरह, मन में बस सा गया।
दिल के हर कोने में, सुरूर आ गये हैं।।5।।

तू ही है रेशमी, फिर क्यों अधूरी,
खुशियों का प्याला, किस्मत से पूरी।
इस बंधन में फिर से, मजबूर आ गये हैं।।6।।

तेरी हंसी में छुपा है मेरा जहां;
अपने गमों को छिपा, दिल ने कहा।
तेरे बाद हर एक, नूर आ गया है।।7।।

यादों में अब तो, हुजूर पा गये हैं।